11
106

AF405174

MÉMOIRE

POUR SERVIR DE RÉPONSE

A CELUI

DU COLONEL LASERRE,

EX-COMMANDANT EN CHEF DU SÉNÉGAL;

Contenant quelques détails sur la situation intérieure, l'Administration et le Commerce de cette Colonie.

> C'est la concurrence qui met un prix juste aux marchandises, et qui établit les vrais rapports entre elles.
>
> MONTESQUIEU, *Esprit des Lois, liv. 20, ch. 8.*

A PARIS,

DE L'IMPRIMERIE DE DIDOT JEUNE,

rue des Maçons-Sorbonne, N.º 406.

AN XIII. — 1805.

MÉMOIRE

POUR SERVIR DE RÉPONSE

A CELUI

DU COLONEL LASERRE,

EX-COMMANDANT EN CHEF DU SÉNÉGAL.

LORSQUE je prends la plume pour répondre au mémoire qui vient d'être publié par le colonel Laserre , ancien commandant du Sénégal , on pourra se demander ce qu'il y a de commun entre lui et moi; quel est le rapport qui peut exister entre ce délégué du Gouvernement Français , et le chef du bureau des Colonies orientales et des côtes d'Afrique au département de la marine ; en un mot,

entre un accusé qui cherche laborieu-
sement à se disculper du reproche
d'avoir malversé dans ses fonctions,
et celui qui n'en a été ni le témoin,
ni moins encore le dénonciateur.

S'il ne s'agissait que des inculpa-
tions que ce commandant et certains
habitans du Sénégal se sont mutuelle-
ment adressées, au sujet de l'insurrection qui éclata le 4 thermidor de
l'an 10; s'il n'était question que de s'expliquer sur les circonstances particulières qui ont préparé et suivi sa déportation, je me serais imposé un silence
absolu. Entre des accusations contra-
dictoires, l'interposition de l'autorité
est la seule admissible ; l'homme privé
n'a que sa voix individuelle, et celle-ci
n'est comptée pour quelque chose que
par le concert et l'ensemble de toutes
les opinions: c'est ce que je ne pouvais
ni ne devais ignorer.

Mais il n'en est point ainsi lorsque
les moyens justificatifs que le sieur

Laserre emploie dans son mémoire, ont un contact intime ou médiat avec les bureaux du Ministre de la marine; lorsque, sous le manteau d'une justification commandée par le besoin d'une défense légitime, je vois ces bureaux indignement insultés, et moi-même indirectement compromis; lorsque des théories fausses, des calculs exagérés, des assertions mensongères, des citations tronquées, sont le véhicule dont on se sert pour s'introduire dans la confiance du public, et l'égarer; lorsqu'on se permet des allusions, dans la conviction bien réfléchie que la malignité en tirera tout l'avantage qu'on n'oserait se promettre d'une accusation directe et positive; lorsqu'enfin, le poste que l'on occupe est, en quelque sorte, le point de convergence vers lequel les regards sont perfidement dirigés: alors, sans doute, il n'est plus permis de rester simple spectateur; le silence fortifie, enhardit l'audace, et la réponse est d'une indispensable nécessité.

Je n'ai ni l'intention ni le loisir de suivre le colonel Laserre dans tous ses détails apologétiques : j'aime à croire, je desire même qu'il se jus-tifie, et qu'il réussisse à déverser sur ses accusateurs les torts graves qu'on lui impute; je fais des vœux sincères pour qu'il dissipe sans retour les reproches d'avoir, par ses fautes multipliées, par les entraves dont il a gêné arbitraire-ment le commerce national, par des spéculations intéressées , par d'im-prudentes et téméraires innovations, excité contre lui le mécontentement des colons, les murmures des cham-bres de commerce , et provoqué le funeste et scandaleux spectacle d'ha-bitans soulevés contre l'autorité, pour reconquérir un droit d'où dépendait leur salut et leur félicité.

De tels événemens sont, sans doute, une calamité sociale, faite pour contrister les amis du bien et de l'ordre publics ; sans doute , les mutineries, les révoltes, toutes ces maladies violentes des corps politiques , sont le fléau destructeur des états où elles se manifestent ; on devrait même dire qu'elles sont les présages presqu'assurés de leur décadence.

C'est ce qu'un ancien roi de ces plages brûlantes (1), au milieu desquelles le colonel Laserre a exercé pendant quelques mois le commandement; c'est ce qu'un Africain exprimait avec autant d'énergie et de laconisme que de vérité :

Concordiâ parvæ res crescunt, discordiâ maximæ dilabuntur.

De nos temps, des hommes agités par une fièvre passagère, ont pensé et agi en sens opposé; en combattant leur

---

(1) Micipsa , roi de Numidie.

système, en s'élevant avec raison contre leurs pernicieuses maximes, le sieur Laserre s'est rendu l'interprète de tous les gens raisonnables et éclairés ; la sagesse applaudit à ses opinions, la politique les autorise.

D'autres rechercheront si dans l'application qu'il fait de ses raisonnemens, si dans les accusations graves qu'il dirige contre quelques personnes, d'être des fauteurs d'anarchie et de troubles, il s'est conduit avec un sentiment de justice et d'impartialité; si l'insurrection du 4 thermidor est due seulement à cet esprit séditieux qui éclata avec tant de furie au sein des désordres et du chaos révolutionnaires: cette recherche m'est étrangère; j'en ai déja donné les motifs.

Ce qui est constant dans le mémoire du colonel Laserre, c'est qu'il y a eu véritablement une insurrection dans le Sénégal le 4 thermidor an 10;

Qu'elle a eu pour objet et pour

résultat sa déportation dans l'île de Gorée ;

Et qu'enfin, cette insurrection, quel qu'en soit le motif, est, à tous égards, un crime, une offense directe envers la loi.

Mais est-ce le seul point de vue sous lequel ce fâcheux évènement doive être considéré ; et l'autorité, l'opinion même du public, doivent-elles uniquement s'arrêter à cet aperçu ?

Le colonel Laserre n'a pas manqué de faire entrevoir tout l'odieux des insurrections ; il s'est appesanti sur les conséquences désastreuses qui en étaient la suite ; il n'a rien négligé à ce sujet, et il a eu raison : mais il ne dit point que tout Gouvernement, après avoir, pour l'intérêt de l'autorité méconnue, blâmé, châtié les factieux, reporte toujours ce même blâme sur l'homme qui, revêtu du pouvoir, s'en est laissé dépouiller par impéritie ou par toute autre cause,

L'autorité est un dépôt sacré auquel il ne lui est pas permis de laisser porter atteinte ; un dépôt qu'il doit restituer dans son inaltérable intégrité, et tel qu'il l'a reçu : nulle excuse n'est admissible dans cette conjoncture.

Que pourrait-il alléguer ?

La force majeure ? Mais il est investi d'une autorité suffisante pour la surmonter.

Les cas fortuits ? Il s'accuserait d'imprévoyance et d'incapacité ; il n'a donc aucun prétexte.

Ajoutons que le soulèvement des gouvernés est toujours un acte accusateur contre le gouvernant ; l'expérience le démontre. Les excès et la faiblesse de celui-ci sont la cause persévérante des désordres de la multitude ; et son insoumission a été toujours considérée comme une preuve irréfragable que l'administration est vicieuse. Aussi, là où il n'existe ni injustices ni oppression ; là où les rênes de l'autorité sont confiées à des mains fermes et habiles, on ne connaît ni révoltes ni dissentions : cette vérité est incontestable.

Dans la Chine, lorsqu'une province s'est soulevée, le mandarin est déposé; comme en Turquie, la tête du Pacha répond toujours de la tranquillité du pays soumis à son autorité : cela n'empêche point que les mutins ne soient punis ; mais c'est sur le chef surtout que le courroux de l'autorité suprême s'appesantit, comme cause première du désordre.

Voilà ce que le colonel Laserre n'a point dit ni pu dire; voilà cependant la première pensée qui s'est présentée à tous les esprits, au premier cri de cette insurrection.

Cette présomption est-elle fondée ?

C'est ce qu'il importe d'examiner avec une scrupuleuse impartialité.

Avant de me livrer à cet examen, il est essentiel de présenter une ébauche rapide du Sénégal, considéré dans ses rapports politiques et commerciaux.

Je donnerai ensuite quelques détails sur la situation où se trouvait la colonie avant l'arrivée du colonel Laserre, c'est-à-dire, avant le 13 messidor an 9.

Cette ébauche mettra naturellement le lecteur à portée de se fixer sur la nature et l'étendue des instructions données à ce dernier par le Gouvernement; et, par une conséquence toute simple, elle le mettra en état de juger s'il s'y est réellement conformé.

Ce développement une fois présenté et saisi, il sera facile de sentir la frivolité des motifs qui ont décidé le sieur Laserre à mettre le commerce du Sénégal en privilége, et d'apprécier les moyens dont il s'est environné pour déterminer cette étrange détermination.

Je ne dirai rien des autres chefs d'accusation, ils ne me concernent nullement, et j'ai déja annoncé que je n'étais point son dénonciateur. Ce n'est que sur les détails qui ont une liaison quelconque avec le travail des bureaux du Ministre, que je me permettrai les réflexions convenables : cette nuance me servira de point indicateur ; par ce moyen, je serai sûr de ne dire que ce qui sera strictement nécessaire au plan que je me suis tracé ; c'est le seul en effet qui convienne à mon devoir et à ma délicatesse.

CHAPITRE PREMIER.

Du Sénégal, considéré dans ses rapports politiques et commerciaux.

LE Sénégal, qui forme une des possessions les plus importantes que nous ayons sur la côte occidentale de l'Afrique, comprend dans ses dépendances :

1.° L'île Saint-Louis, située dans une île du fleuve, à cinq lieues de son embouchure : c'est le chef-lieu de

la colonie, et la résidence du Gouver-
neur. On y compte 8,000 ames, dont
une très-petite partie de blancs ; le
reste est mulâtre ou nègre libre.

Son gissement est par le 18° 51' de
longitude , à l'ouest du méridien de
Paris, et 15° 53' de latitude septentrio-
nale. Le sol en est infertile, sablonneux,
l'eau y est rare et saumâtre, le climat
brûlant, l'air insalubre pendant cinq
mois de l'année ; mais tous ces inconvéniens sont rachetés par les avan-
tages que procure le commerce.

2.° L'île de Gorée, à peu de dis-
tance du Cap-Verd : cette île n'est pas
plus favorisée de la nature que la
précédente ; mais elle offre une rade
sûre et un relâche avantageux aux
vaisseaux qui fréquentent ces parages.

3.° Quelques faibles établissemens
situés le long du Sénégal, et enclavés
dans les possessions des rois nègres
auxquels nous payons, sous le nom de
coutumes, des subsides annuels, pour

protéger nos vaisseaux lorsqu'ils remontent le fleuve à des époques périodiques pour faire la traite.

Telles sont les possessions qu'on nomme le Sénégal; elles ne sont rien par elles-mêmes, c'est le commerce et l'industrie qui les animent et les vivifient.

Depuis le rétablissement de l'esclavage, on en retire des noirs qu'on transporte dans les Antilles; mais l'objet le plus essentiel et le plus recherché est la *gomme*, substance résineuse qui s'écoule des acacias dans trois principales forêts de la Mauritanie : ce sont celles de *Lébiar*, d'*Alfatack* et de *Sahel*.

Les Maures, après l'avoir recueillie, la portent, dans les mois d'avril et de mai, aux escales (1) du Sénégal, et la

____

(1) On donne ce nom à certaines portions de territoire ou districts situés sur le bord du fleuve, et enclavés dans les états des princes nègres. On en compte plusieurs; les plus fréquentées sont celles du *Désert,* de *Podor,* et d'*Armancourt.*

trafiquent contre des pièces de guinées
et des marchandises d'Europe.

Les nègres qui habitent les rives du
fleuve, donnent pour ces marchandises,
des verroteries, du morphil, des captifs,
de l'or, de la cire jaune, etc.

Ces objets distribués, par les canaux
du commerce, dans la Métropole, ali-
mentent les manufactures, et y deviennent une source intarissable de richesses
et de prospérité.

Ainsi, le Sénégal qui a été alternativement pris et rendu par les Anglais,
et que nous occupons sans interruption depuis la paix de 1783, a le double
avantage d'ouvrir un débouché très-
étendu à nos productions industrielles,
et de jeter dans la balance de notre
commerce un bénéfice considérable.

Ce bénéfice serait susceptible d'un
plus grand accroissement encore, si,
à la paix dont je viens de parler,
la France n'avait permis aux bâtimens
anglais l'accès de la rivière *St.-Jean*

et de *Portendick*, pour y faire la traite de la gomme : cette concession impolitique nous coute 500 milliers au moins tous les ans de cette marchandise , et, ce qui est bien plus dommageable, nous donne une concurrence très-fatale à nos intérêts , par la facilité qu'ont nos rivaux de se procurer les pièces de guinées à plus bas prix que nous.

De là, l'intérêt majeur pour la France de ménager les Maures, seuls possesseurs de cette production végétale, et de les stimuler, par leur intérêt, à en approvisionner les escales du Sénégal, au lieu de la voiturer à Portendick.

Ces ménagemens, comme on le sent bien, consistent moins, peut-être, dans les procédés, que dans l'attention de fournir les escales des marchandises admises en échange, d'y envoyer nos bâtimens en temps opportun, et de payer religieusement aux princes les coutumes convenues. De cette manière, on peut espérer de faire oublier aux

indigènes le chemin de Portendick,
dont les sables et les anfractuosités
font périr une partie de leurs chameaux et de leurs caravanes; c'est par
ce moyen que l'on parviendrait infailliblement à déshabituer les Maures
de suivre cette direction; car ce n'est
que dans le cas d'une indispensable
nécessité, et lorsqu'ils ne peuvent trouver à placer leur gomme à un prix
convenable, qu'ils hasardent un voyage
aussi périlleux.

On conçoit aisément, d'après cet
aperçu, qu'il est facile à un commandant du Sénégal de favoriser un état
de choses semblable; il n'a, à l'égard
de l'approvisionnement des escales,
qu'à s'en rapporter au ressort si puis-
sant de l'intérêt, qui a tant d'énergie
chez les commerçans; et quant à ce
qui le concerne, il doit ne s'interpo-
ser que pour faire observer les traités,
donner des encouragements à l'industrie, faire régner la bonne-foi dans

les transactions, et protéger indistinc-
tement les colons et les navigateurs.
Voilà l'unique moyen de donner à la
traite l'essor et la splendeur dont elle est
susceptible : mais s'il se livre à des spéculations mercantiles ; s'il se montre
moins administrateur que commerçant;
s'il met ses intérêts personnels en opposition avec ceux des administrés, il
malverse, il trahit ses devoirs. Au lieu
de faire servir son autorité à favoriser la liberté de commerce, il en
usera pour concentrer dans ses mains
les bénéfices qui appartiennent à
tous (1).

C'est la crainte de pareils abus qui
a toujours porté le Gouvernement à
faire aux commandans des Colonies

____

(1) Théophile, voyant un vaisseau où il y avait des
marchandises pour sa femme Théodora, le fit brûler.
Je suis empereur, lui dit-il, et vous me faites patron
de galère ! En quoi les pauvres gens pourront-ils
gagner leur vie, si nous faisons leur métier ? Il aurait pu ajouter : Qui pourra nous réprimer, si nous
faisons des monopoles? *Esprit des lois*, *liv.* 20, *ch.* 17.

les défenses les plus rigoureuses de se
mêler de semblables opérations ; c'est
aussi dans cette vue qu'il croit indispensable de les prémunir, par des instructions positives, contre ce penchant
naturel aux hommes, de faire tourner
les prérogatives de leurs emplois à
leur profit individuel. C'est ce qui était
arrivé en 1783 : le sieur Dumontet,
qui commandait au Sénégal, fut accusé, comme le colonel Laserre, par
les habitants, de malversation, et de
faire des opérations pour son propre
compte ; il fut rappelé avec improbation, par le roi, sur le rapport d'une
commission composée de quatre maî-
tres des requêtes, et remplacépar M. de
Repentigny, qui ne tarda pas long-
temps à l'être lui-même, pour s'être
montré trop obligeamment facile à pallier les torts de son devancier (1).

---

(1) M. Laserre s'est plaint de ce qu'on n'a point
usé envers lui des mêmes moyens, et qu'on n'eût
point envoyé sur les lieux pour faire une instruc-

CHAPITRE II.

De l'état du Sénégal avant le 13 messidor an 9.

L'île Saint-Louis, située, comme je l'ai dit, au milieu du fleuve du Sénégal, est défendue par trois batteries de dix-neuf pièces de canon, et de quatre mortiers à bombe ; mais sa sûreté, du côté de la mer, consiste principalement dans un banc de sable que la nature semble avoir placé à l'embouchure du fleuve, afin d'en protéger l'entrée : aussi, les vaisseaux ne s'exposent à le franchir qu'avec une

tion contradictoire des faits dont il était accusé ; mais quand toutes les voix accusent unanimement, quand les faits sont constans par les arrêtés même et par les écrits, l'instruction n'est-elle point faite ? Est-il besoin d'aller sur les côtes d'Afrique, à huit ou neuf cents lieues, avec des commissaires, entamer une procédure dispendieuse et interminable, là surtout où il n'existe ni officiers de justice, ni tribunaux ? On tenta cette voie à l'égard de M. Dumontet, mais on en sentit bientôt les inconvéniens.

extrême précaution. Cette *barre*, car c'est le nom que lui ont donné les navigateurs, est fortifiée par un navire en station permanente, au bas de la rivière, qui, secondé par les redoutes des dunes situées sur la rive orientale, forment, avec les batteries du village de *Guetendar*, placées sur le bord opposé, un feu croisé qui la garantit des attaques du côté de la mer : telle est la position naturelle et militaire de cette partie de nos possessions. Je ne parle point des postes qu'on a établis dans les îles fluviatiles de *Saure* et de *Babégué*, au-dessus de celle Saint-Louis; il suffit d'observer qu'on n'a rien négligé pour mettre cet établissement dans un état de défense imposant.

Il est possible et probable même que, pendant le cours de la révolution, ces postes militaires eussent éprouvé des dégradations réelles : il est facile de concevoir, en effet, que la métropole, absorbée par une guerre générale qui menaçait son existence politique, n'ait pu, au milieu des tempêtes dont elle était agitée, porter sa pensée vers les colonies d'Outremer, et qu'il lui ait été conséquemment impossible d'y faire passer les secours nécessaires à leur entretien. Dans une crise aussi extraordinaire, ce qu'on peut faire de mieux, c'est de s'accommoder aux temps, et d'agir selon les conjonctures ; c'est ainsi que se sont conduits les Sénégalais, sous le commandement de leur respectable chef, pendant cette fatale période.

On sait que cette colonie n'est point agricole, et qu'elle ne subsiste que par les envois de toute nature que la France lui expédie; qu'il en est de même des appointemens des officiers civils et militaires et des approvisionnemens de tout genre, et cependant cet établissement, dont l'existence était factice et toute précaire; ce corps, qui ne recevait plus les sucs nourriciers indispensables à sa conservation, n'a point pour cela cessé d'être: on a paru surpris de l'avoir trouvée languissante, lorsqu'on aurait dû être étonné, au contraire, qu'elle ne fût point anéantie.

Voilà, sans doute, un phénomène bien digne d'être remarqué : c'est au zèle patriotique de monsieur le général Blanchot, que la nation en est redevable.

Dénué de tout, vivant avec la plus extrême frugalité, il appaisait, par son exemple, les cris du besoin : ses soldats, témoins de la détresse de leur commandant, se livraient, avec une touchante résignation, à l'espoir d'un meilleur avenir. Un jour que l'un d'eux lui murmurait quelques plaintes sur sa situation, il lui montra pour toute réponse ses coudes déchirés, et le soldat pénétré se retira satisfait : mais malgré cette détresse, malgré que la mort eût moissonné une partie de la garnison, et qu'elle ne fût réduite qu'à cent trente hommes , dont les trois quarts étaient de couleur, le général Blanchot, avec ces faibles secours, fort de son courage et de l'affection de la colonie , n'en repoussa pas moins les Anglais dans la nuit du 14 au 15 nivose de l'an 9 ; tant il est vrai que l'amour de la patrie et la vertu savent, au besoin, créer des miracles !

Voilà cependant celui à qui on a osé faire le reproche d'avoir laissé son commandement pendant la guerre (1). Oui, il l'avait laissé, mais en guerrier victorieux , après neuf ans de fatigues continuelles et de privations de tout genre ; il l'avait laissé au moment où la lassitude avait ralenti la fureur des combats, et lorsque toutes les voix annonçaient la paix comme prochaine ; il l'a laissé enfin en l'an 9, avec le sentiment de sa gloire, et pour venir

----

(1) Page 4 du mémoire. M. Laserre aurait dû ajouter qu'il l'avait laissé avec la permission et l'aveu du Gouvernement.

rafraîchir dans le sein de sa patrie une existence desséchée pendant douze années consécutives par les feux de la zône torride.

Si l'on en croit cependant le mémoire du colonel Laserre, c'est lui qu'on doit considérer comme le restaurateur du Sénégal. Selon lui, toutes les parties de l'administration, au moral comme au physique, étaient dans le plus déplorable délâbrement; d'après son récit, les batteries se trouvaient sans plateforme, sans épaulement; les postes les plus importans n'avaient qu'une pièce de canon démontée; les points de défense étaient nuls; l'arsenal, la poudrière, le fort tombaient en ruines.

Mais bientôt tout change de face, un nouvel ordre de choses renaît, les soldats indisciplinés reconnaissent la voix de leur commandant, le service de la place et de tous les postes se fait avec une admirable régularité, et le Sénégal est mis, sur tous les points, dans un état de défense respectable. La sollicitude du chef se porte au-dehors avec une activité proportionnée à son génie. Jusques-là, les moyens pour rendre le vaisseau stationné au bas de la rivière, en état de défendre la barre contre les insultes des ennemis, avaient été employés sans discernement et sans aucune espèce d'intelligence: eh bien! il le fait dépouiller de tous ses mâts ; il le transforme en un ponton d'artillerie. Il existait d'anciens traités avec les princes noirs, notamment avec le Siratick *Almamy*, roi du pays des Foules, traité qui n'avait jusqu'alors reçu aucune atteinte, et le colonel en forme un nouveau! Ainsi, une nouvelle Thèbes sort de ses ruines, la confiance est reconquise! Ce n'est pas tout, il rétablit dans la comptabilité un ordre, une exactitude jusqu'alors inconnus; les rondes se font avec une vigilance extrême; il change la forme et la distribution des signaux; les germes impurs de la licence révolutionnaire sont étouffés, le commerce reprend un brillant essor, dont les magnifiques résultats doivent incessamment refluer dans les canaux de la métropole : tout est créé, réparé, organisé, et l'auteur de ces inconcevables prodiges, celui qui en est à-la-fois le chantre et le héros, c'est le colonel Laserre ! ! !

Après des travaux aussi laborieux et d'aussi généreux efforts, comment celui-ci a-t-il pu avoir des détracteurs ? C'est ce qui le surprend ; il a certes raison, et je n'en suis pas moins étonné que lui.

Mais ce qui ajoute à cet étonnement, c'est d'apprendre quil a créé ces miracles, fourni à toutes ces dépenses avec ses fonds, son crédit et son industrie ! Quel glorieux titre à l'estime et à la reconnaissance publiques !

Cependant quelle était la base de ce crédit ? M. Laserre n'ayant emporté de France aucun fonds, elle ne pouvait con-

sister que dans ses appointemens (1),
et dans la confiance qu'il ne pouvait
manquer de se concilier un jour par la
sagesse de son administration. Cela est
simple ; mais comme tout cela aussi
n'était placé que dans le futur contin-
gent, on ne conçoit qu'obscurément
tout ce que ce crédit signifie.

On ne concevrait pas mieux ce qu'il
entend par *son industrie*, si les évène-
ments ultérieurs ne nous mettaient à
portée de débrouiller ce que ce mot a
en soi d'énigmatique. Il est vrai néanmoins que ce crédit, ces fonds et cette
industrie, n'ont pas tout opéré, et qu'il
doit revenir aux habitans une petite
portion des éloges dont le sieur Laserre
se gratifie si bénévolement. Voici comme
il s'exprime : « Il fit convoquer les habi-
« tans ; il leur démontra *si bien* l'utilité
« de ce travail, qu'il parvint à *échauffer le*
« *zèle de plusieurs d'entr'eux*. Ils four-

---

(1) Ils étaient portés à 10,000 fr.

« nirent la brique, la chaux, les plan-
« ches, les madriers et les clous néces-
« saires : le commandant fournit les
« piquets et les fascines; il paya plu-
« sieurs journées d'ouvriers; le Gou-
« vernement fit le reste (1). »

Si je ne me trompe, voilà donc les habitans émules de zèle et de sacrifices avec leur commandant; les voilà donc réhabilités, par sa propre bouche, de l'étrange imputation d'être plus qu'indifférens pour la France , et d'avoir témoigné hautement qu'ils passeraient volontiers sous la domination des Anglais (2), des Anglais qu'ils venaient de repousser et de vaincre cinq mois auparavant , et contre lesquels ils faisaient, avec un zèle remarqué par le sieur Laserre lui-même , des sacrifices pécuniaires toujours pénibles , surtout pour des

____

(1) Page 13 du mémoire.
(2) Page 10 du mémoire.

colons appauvris par une guerre de neuf années.

Pour sauver cette étonnante contradiction, et laisser les habitans sous le poids de l'injurieux soupçon qu'il dirige contr'eux, il nous fait entendre que ce n'était point au mouvement spontané de leur cœur qu'il faut attribuer ce dévouement inattendu, mais à lui seul, mais à l'art avec lequel il avait su, par sa harangue militaire, manier à son gré leur conscience rétive, et l'échauffer d'un zèle patriotique. *Il leur démontra si bien l'utilité de ce travail!* Ainsi, au talent d'administrateur éclairé, le sieur Laserre réunit l'avantage de persuader les cœurs les plus revêches, et d'être un démonstrateur profond d'économie politique. Jusqu'ici nous avons vu, dans le sieur Laserre, un *Vauban* et un *Démosthène:* on va juger si, relativement au commerce, il est aussi un *Colbert.*

CHAPITRE III.

Abus de pouvoir du sieur Laserre. Société de la Gomme.

Le 13 messidor de l'an 9, le colonel Laserre est arrivé dans le Sénégal pour en prendre le commandement que M. Blanchot venait de quitter pour venir dans sa patrie réparer ses forces et sa santé épuisées.

Il arrivait avec des insructions positives, avec des moyens efficacement réparateurs, tant en hommes qu'en argent. A cette époque, l'espoir de la paix commençait à sourire; ses préliminaires voltigeaient sur toutes les bouches, et ranimaient l'industrie expirante; le commerce se réveillait de sa longue léthargie; l'activité renaissait dans nos ports; nos marins dévoraient déja avec impatience cet Océan qui leur avait été fermé depuis tant d'années, nos colonies étaient alimentées, secourues ou sur le point de l'être : tels étaient les riants

auspices sous lesquels le colonel Laserre fit son entrée dans cette partie de
nos possessions.

Il est reçu avec les témoignages de
respect dûs à son caractère, et le premier sentiment qui se fait jour dans
son cœur, est celui de la défiance!

Sa susceptibilité prend ombrage de
l'impression qu'a causée le départ de
M. Blanchot; les regrets que ce dernier
a laissés dans les cœurs, l'indisposent :
il observe, dit-il, sur les visages un
air froid et contraint, un accueil plus
qu'indifférent, enfin, l'expression d'un
étonnement presqu'injurieux (1).

Fallait-il donc se livrer aux saillies
d'un enthousiasme irréfléchi, avant de
savoir s'il le justifierait par sa conduite ;
manifester par des transports désor-
donnés, le bonheur qu'on avait de le
posséder ? Mais cet accueil est-il donc
si indifférent, quand on apprend qu'il

-----

(1) Page 7 du mémoire.

fut reçu par la troupe, les agens civils et quelques habitans? Que fait-on de plus, dans de pareilles circonstances, aux autres commandants, et quels honneurs leur décerne-t-on qu'on ne lui ait rendus ?

On pénètre aisément les motifs qui ont conduit M. Laserre à nous révéler cette circonstance; ce n'a été évidemment que dans la vue perfide de reporter cette malveillance dont il se suppose l'objet, avant même qu'on le connût, sur le Gouvernement dont il était le délégué ; ce n'a été que pour donner quelque vraisemblance à l'accusation téméraire qu'il s'est permise contre les Sénégalais, d'être les secrets partisans de l'Angleterre : mais ce petit manège, fruit d'une combinaison réfléchie après coup, cette ruse de l'orgueil blessé, cette bouderie d'un caractère chagrin et jaloux, ne séduiront personne ; ces pitoyables moyens n'auront d'autre effet que de prémunir les esprits sages contre ses assertions, et d'affaiblir l'intérêt qu'inspire toujours le malheur, lors même qu'il est justement mérité.

On a dit que le sieur Laserre était muni d'instrutions précises pour lui servir de règle de conduite dans les détails de son administration civile et militaire; ces instructions lui avaient été données par le Ministre de la marine et des colonies, au nom du Gouvernement qu'il avait l'honneur de représenter.

Voici une partie de ces instructions en date du 22 floréal an 9.

« Le sieur Laserre doit principale-
« ment s'attacher à faciliter aux négo-
« cians les moyens de traiter avec
« sûreté la gomme et autres produc-
« tions; à empêcher les naturels de con-
« trarier les opérations des armateurs
« français , et à protéger en même
« temps les indigènes contre les actes
« arbitraires que se permettent quel-

« quefois les capitaines des bâtimens
« de commerce. »

Ce mémoire finit ainsi, « le Premier
« Consul recommande au sieur Laserre
« de suivre le plus qu'il lui sera pos-
« sible, jusqu'a la paix générale, *les erre-*
« *mens d'après lesquels la colonie est ac-*
« *tuellement régie*; il l'engage fortement
« à apporter tous ses soins, son zèle et sa
« vigilance à conserver à la République
« un établissement qui peut un jour
« offrir un champ d'industrie infini-
« ment avantageux à la métropole.
Signé FORFAIT.

Ainsi la mission principale confiée à
l'autorité du nouveau commandant,
était, 1.º de faciliter aux négocians les
moyens de traiter avec sûreté la gomme;

2.º D'empêcher les naturels de con-
trarier les opérations des armateurs
français ;

3.º Enfin, de suivre le plus possible
les erremens d'après lesquels la colonie
était régie.

Or, ce régime était la concurrence et la liberté indéfinie de la traite.

Voilà, sous le rapport du commerce, les points essentiels de ses instructions.

Le sieur Laserre devait les avoir sans cesse présentes à sa pensée; c'est sur ce pivot que devaient tourner ses fonctions administratives, s'il était jaloux de répondre à la confiance dont il était investi : au lieu de cela, qu'a-t-il fait?

Il a, 1.º enlevé aux négocians les moyens de faire la traite ;

2.º Il a contrarié les opérations des armateurs français ;

3.º Il s'est créé des erremens diamétralement opposés à ceux qui régissaient la colonie en cette partie.

Le colonel Laserre a fait précisément tout le contraire de ce qui lui était prescrit; il a, avec une témérité sans exemple jusqu'alors, fait prévaloir sa volonté sur celle du Gouvernement, substitué au système de concurrence et de liberté, le seul qui convienne au commerce des côtes d'Afrique, le régime exclusif d'une société privilégiée ; et égaré par une cupidité qui se trahit malgré ses efforts pour la déguiser, il s'est fait membre de cette société, sous des noms interposés (1) !

Le colonel Laserre se justifie en disant :

1.º Qu'après s'être concerté avec les gens éclairés de l'île, et s'être convaincu que la concurrence de la traite de la gomme était plus dommageable qu'utile à la métropole, dont elle avilissait les matières d'exportation pour enrichir les Maures, il avait cru pouvoir transporter à une société particulière le droit exclusif de cette traite, d'après les bases arrêtées par le règlement adressé au

____

(1) C'est ce qu'on reprocha à M. Dumontet, en 1783 , ainsi que l'atteste le rapport fait au roi par la commission, lequel est dans les cartons du Ministère. Il avait aussi, comme M. Laserre, associé d'autres militaires à ses spéculations; comme lui, enfin, il fut rappelé avec improbation.

Ministre de la marine le 22 pluviose an 10 ;

2.° Qu'ayant sollicité l'approbation de la mesure réglementaire par sa lettre du 5 brumaire, il a dû interpréter ce silence comme un assentiment tacite de la part du Gouvernement, avec d'autant plus de raison, que la lettre improbative du 10 messidor an 10 ne lui était parvenue qu'après sa déportation dans l'île de Gorée : d'où il conclut qu'on ne peut lui faire un grief d'avoir fait provisoirement exécuter son arrêté, dans l'intervalle de temps qui a précédé la réception des dépêches ministérielles.

CHAPITRE IV.

Vues générales sur le Commerce privilégié.

On a toujours observé avec raison que celui qui a une fois commis un abus de pouvoir ou une faute grave, ne manque jamais de prétextes pour en excuser les motifs ou en pallier l'injustice ; le plus inepte est fertile en excuses et en faux-fuyans : que sera-ce lorsque l'abus a été préparé et concerté d'avance avec une cauteleuse précaution ?

De-là, le besoin de recourir à des explications vagues, à des réponses spécieuses, comme à un talisman propre à frapper la multitude, et à mettre de son parti, par ce tour de force, les cent voix de la renommée : telle est, à peu de chose près, la tactique du colonel.

Une grande question s'était élevée sous la monarchie, pour savoir si le système de la liberté indéfinie, relativement au commerce des côtes d'Afrique, était plus convenable à la nation que le régime prohibitif; ç'avait été, dis-je, une grande question, et l'expérience constante des catastrophes survenues aux compagnies de la *Guyane* et du Sénégal; les vices sans cesse renaissans attachés à leur administration, vices qui ruinaient les actionnaires pour enrichir gratuitement quelques directeurs; le dommage irréparable que ce régime causait au commerce national dont il enchaînait l'essor, et obstruait la circulation ; l'inexécution enfin des engagemens contractés par les compagnies envers l'Etat : toutes ces causes réunies avaient résolu depuis long-temps cette question, ou, pour mieux dire, ce n'en était plus une ; tous les suffrages des hommes instruits s'étaient déclarés pour la libre concurrence, et c'est en conséquence de cet assentiment universel, que l'assemblée constituante avait rétabli, par son décret du 18 janvier 1791, la liberté du commerce du Sénégal.

Il était réservé au colonel Laserre et à son conseil particulier, de remettre en question cette même liberté.

Mais le droit de l'agiter de nouveau, appartenait essentiellement, uniquement au Corps législatif; ses instruc-

tions le lui défendaient expressément :
il a donc, par ce seul fait, commis un
abus de pouvoir très-répréhensible.
Est-ce que l'éloignement de la métropole en aurait affaibli à ses yeux l'autorité ? C'est ce que je ne puis ni ne dois
supposer. Mais admettons-en pour un
instant la possibilité. Qu'allègue-t-il
qu'on n'ait déja dit jusqu'à satiété ?

Il soutient, 1.º que le prix de la
gomme augmente par la concurrence,
et diminue dans une proportion rela-
tive nos marchandises, en telle sorte,
que tout le désavantage étant incon-
testablement de notre côté, nous de-
viendrions inévitablement les tributaires des Maures.

2.º Qu'en envoyant un seul vaisseau
par escale, pour faire la traite, on
s'ouvre un moyen assuré de la faire
avec avantage ; expédient que nous de-
vons d'autant mieux nous empresser
d'employer , qu'il est agréable · aux
princes de ces contrées.

3.º Enfin, qu'étant libre à chacun d'entrer dans l'association, personne n'était fondé à s'en plaindre, puisqu'il participait, pour sa part proportionnelle, aux bénéfices. Ces propositions méritent d'être discutées avec soin.

CHAPITRE V.

Danger qu'il y aurait à rétablir le systéme de Commerce privilégié.

Bien qu'il soit vrai, en thèse générale, que la concurrence des acheteurs produise un renchérissement inévitable dans les marchandises, cette proposition est susceptible de plusieurs aperçus, relativement au genre de commerce dont il s'agit ici; car si, d'un côté, il y a concurrence entre les traiteurs, n'y en a-t-il pas aussi une entre les vendeurs? Les uns et les autres sont mus évidemment par un intérêt distinct et réciproque, par l'impulsion de ce sentiment qui les porte à faire

cesser leurs besoins mutuels, en échan-
geant, sans l'entremise de courtiers ni
de proxenètes, les marchandises qu'ils
ont contre celles qui leur manquent.

Dans un ordre de choses si simple,
si naturel, quels sont donc les inconvéniens qu'occasionne la concurrence?

Ce n'est pas la nôtre sans doute qui
pourra exciter des alarmes, par la raison que ce léger dommage est large-
ment racheté par la salutaire activité
qu'elle communique à toutes les bran-
ches de l'industrie nationale. Dans une
position telle que je le suppose, le
vendeur et l'acheteur gagnent chacun
de leur côté; l'intérêt est donc satisfait:
pourquoi la politique ne le serait-elle
point aussi?

A cette manière franche d'opérer, si
l'on substitue le régime du privilége,
on n'en sera pas plus avancé; car il ne
suffit point d'écarter nos navigateurs
des parages du Sénégal, il faut encore
en éloigner les Européens qui ont des

rapports de commerce avec les Maures; il faut chasser les Anglais de la rade de Portendick qui n'est qu'à 60 lieues de l'escale du désert: sans cela on n'aura rien fait.

Ajoutons encore qu'en introduisant dans notre mode de traiter la gomme, un système aussi ruineux pour les Africains, on se donne une concurrence bien plus formidable, on se jette dans un danger pire que celui qu'on veut éviter, en obligeant ces derniers à porter leurs denrées aux Anglais: car, bien que le chemin qui conduit à Portendick, soit escarpé et difficile, il est possible néanmoins que les Maures en fissent leur escale-principale, pour se soustraire à la tyrannie de notre privilége. Voilà où nous entraînerait infailliblement une avidité désordonnée: à nous appauvrir doublement en enrichissant nos rivaux de nos pertes.

Si, sous ce point de vue, il est évident que le système exclusif est impraticable au Sénégal, cette démonstration n'est pas moins sensible sous le rapport du préjudice notable que son établissement causerait au Gouvernement et à la métropole.

Dans la position où sont respectivement placées les puissances européennes les unes à l'égard des autres; dans le grand et profond intérêt surtout qu'elles ont d'étendre autant que possible leur commerce extérieur, et d'avoir, par une conséquence de ce même intérêt, des possessions au-delà des mers, il est nécessaire que ces mêmes possessions soient sur un pied respectable de défense, pour résister aux agressions auxquelles, en temps de guerre, elles sont sans cesse exposées. Or, cet état de défense comporte, par sa nature, des établissemens de tout genre en constructions et entretien, qui sont à la charge du Gouvernement, à qui elles appartiennent.

Dans l'hypothèse de la liberté indéfinie du commerce, ces frais, ces dépenses sont acquittés au moyen des droits d'entrée et de sortie qu'on perçoit sur les marchandises : ainsi l'entretien de la colonie est supporté par le commerce. Cela doit être, puisque c'est pour lui que ces possessions ont été conquises. Il arrive même souvent lorsque le mouvement commercial a reçu, par les circonstances, une grande impulsion, qu'elles deviennent pour le Gouvernement une source nouvelle de revenus, par l'accroissement progressif qui s'opère dans la perception des droits. Si, dans les temps de crise, cette perception diminue, alors, sans doute, la colonie peut devenir à charge à la métropole; mais elle se dédommage encore de cette perte momentanée par l'étendue de ses rapports commerciaux, et par les bénéfices que ces mêmes rapports jettent dans la circulation du commerce.

Dans la supposition, au contraire, du

système exclusif, on fait beaucoup va-
loir que toutes les dépenses civiles et
militaires sont exclusivement à la
charge des compagnies ; que même,
dans la vue d'obtenir la concession du
privilége, ceux qui le sollicitent, se
soumettent envers le Gouvernement
à des conditions onéreuses dont tout le
profit revient à ce dernier. Je sais tout
cela ; mais je sais aussi qu'aussitôt que
la compagnie est en possession de son
droit exclusif, les administrateurs s'occupent aussi exclusivement de leurs intérêts particuliers ; qu'un agiotage scandaleux s'établit au détriment général,
qu'il finit par dévorer les dividendes et
ruiner les actionnaires. Cependant les
conditions imposées par le traité res-
tent sans exécution, les établissemens
se délabrent faute d'entretien, les approvisionnemens coloniaux sont rares
et d'une qualité défectueuse. Comment,
dans un état de choses semblable, la
traite ne serait-elle pas frappée d'iner-

tie et d'engourdissement! On a vu en effet des compagnies dans l'impuissance d'exploiter leur privilége , se faire volontairement justice , et restituer aux négocians la liberté dont elles les avaient inconsidérément dépouillés.

Le siècle qui vient de s'écouler, présente une succession étonnante de priviléges alternativement accordés et révoqués par des arrêts de Conseil. Dans cette foule de compagnies qui se sont succédées aussi rapidement, on n'en trouve point une seule qui ait exécuté ses engagemens, une seule qui ait atteint le terme du temps qui lui était assigné par son traité.

Le seul avantage qu'on ait retiré encore de ces nombreux essais, c'est l'expérience acquise des funestes conséquences qu'entraînent de telles créations. Cette expérience, fruit de nos observations pendant une longue période de près de deux siècles, ne doit point être perdue pour nous ; elle seule peut nous prémunir contre les illusions des systèmes et le clinquant du charlatanisme.

Dans l'espoir d'atténuer, s'il lui est possible, ces puissantes considérations, le colonel Laserre s'est avisé d'un moyen qui, pour être assez fréquemment employé, n'en est pas moins ignoble ; c'est de citer à contre-sens.

Je suis bien loin de favoriser le système des compagnies privilégiées ; cependant il n'est personne qui, après avoir lu la page 104 de son mémoire, ne soit disposé à penser que j'en suis le partisan.

Assurément, il n'en est rien ; mais quelle que soit mon opinion sur ce point, j'ai cru que je ne pouvais, comme écrivain, me dispenser de présenter avec impartialité les raisonnemens de ceux qui défendaient la cause du régime prohibitif : voilà dans quel sens j'ai rapporté l'arrêt du Conseil du 27 sep-

tembre 1720, favorable aux partisans
des compagnies.

Mais en vous faisant un titre de cet
arrêt, pourquoi négligez-vous de parler des autres qui sont à la suite, et que
vous aviez sous les yeux? Je vous excuse d'avoir omis tout ce que le même
esprit d'impartialité m'a dicté en faveur
du régime contraire; mais puisque vous
étiez sur la page 218 de mon ouvrage,
et que vous me faisiez l'honneur de me
citer, pourquoi n'avez-vous point jugé
à propos d'achever? Je vais donc y sup-
pléer pour vous. Voici ce que j'ai dit
quelques lignes plus bas : « La Compa-
« gnie des Indes n'étant pas en état de
« faire le commerce de guinées, prit le
« parti de permettre à tous les négo-
« cians de faire la traite. Cet état de
« choses dura jusqu'en 1758. »

Et dans une note, page 221, j'ai con-
signé mon opinion personnelle en ces
termes :

« Une compagnie serait en concurrence

« avec le peuple le plus actif, le plus
« ambitieux, le plus fécond en ressour-
« ces de tous les peuples commerçans;
« sous le régime d'une compagnie, la
« France perdrait beaucoup d'ivoire,
« et surtout la branche si précieuse et
« si considérable de la gomme; la ma-
« rine perdrait une source de matelots,
« les ports marchands un très-grand
« mouvement, et tous les citoyens
« d'immenses richesses. »

Voilà ce que vous auriez dû équitable-
ment rapporter, si vous vouliez tant me
faire l'honneur de me prendre pour autorité. Mais vous avez préféré vous dispenser d'une exactitude minutieuse : cette
licence fait sans doute partie du privilége dont vous vous êtes bénignement
gratifié au Sénégal.

Après avoir démontré le danger atta-
ché au rétablissement du système privilégié, il faut répondre succinctement au
reproche que M. Laserre fait au commerce libre de causer le renchéris-

sement de la gomme, et de nous rendre par-là les tributaires des princes Maures.

L'on sait que les Maures, en possession exclusive de cette intéressante production, forment plusieurs tribus distinctes qui se répandent dans les diverses escales pour l'échanger contre nos marchandises.

La crainte d'une intelligence entre ces tribus, pour tenir la gomme à un prix exorbitant, lorsque l'affluence des vaisseaux est considérable, n'a aucune réalité; chaque Maure a son intérêt isolé de l'autre; et lors même qu'on voudrait supposer ce concert entre ceux qui fréquentent l'escale du désert, croira-t-on qu'il se communiquera à celle de *Podor* et à celle d'*Armancourt*, c'est-à-dire, sur des points distans de 60 à 70 lieues l'un de l'autre.

Mais je veux que ce concert existe, tout invraisemblable qu'il est, et que l'instinct de la cupidité puisse réaliser ce que l'imagination a peine à concevoir ; quel en sera le résultat ? Est-ce que les Maures ne sont point stimulés, par le même aiguillon que nous, celui de se défaire de leur gomme à laquelle ils n'attachent de prix que par celui que nous y mettons nous-mêmes? Que feront-ils de leurs marchandises ? La saison des pluies approche, les orages, les tempêtes menacent leur tête, et les avertit qu'il est bientôt temps de se réfugier vers le mont Atlas; la nature se déclare pour nous ; que feront-ils? dit avec confiance le sieur Laserre : de deux choses l'une, ou ils enfouiront leur gomme dans les sables pour les exhumer au retour de la belle saison, ou ils la transporteront à *Portendick*.

Et moi je dis qu'ils ne feront ni l'un ni l'autre. Le sieur Laserre, qui a imaginé cette belle conception, sait bien que la première détermination, outre qu'elle tendrait à les priver pendant six mois du produit de leur gomme

et de leur labeur, ôterait à cette production la pureté, la sécheresse et la
transparence qui en augmentent le
prix; d'ailleurs, à quels signes recon-
naître la place où l'on aurait confié
cette denrée; et les Maures, naturellement méfiants, n'auraient-ils pas à
craindre que des fouilles clandestines
ne les privassent de leur propriété?
L'appréhension qu'a conçue le sieur
Laserre sous ce premier rapport, est
donc chimérique et sans fondement.

L'importation à *Portendick* n'a pas
plus de vraisemblance, car on sait
quels obstacles ils auraient à vaincre
pour arriver à cette station; ils ne
courent rien moins que le danger de
perdre leurs chameaux et une partie de
leurs équipages, et l'on voudrait qu'ils
affrontassent ces hasards pour une différence quelconque entre le prix offert
et demandé! Mais qui leur assurerait
qu'à Portendick, où l'affluence des
acheteurs est bien moins considérable

encore qu'aux escales, on leur donnera
un prix supérieur ? Cela n'est nullement vraisemblable ; les motifs allé-
gués n'ont donc évidemment aucune
espèce de solidité.

Si ce n'est point assez de ces raisonnemens, je puis encore appeler à
mon secours le suffrage imposant de
l'expérience.

C'est un point généralement reconnu
qu'en temps de paix, et sous le régime
de la concurrence, la gomme achetée
12 sous la livre *en rivière*, se vend à
la seconde main, au Sénégal, 17 sous,
et en France 2 francs (1) ; c'est, je
le répète, de notoriété publique dans
toutes les places de commerce.

Lorsqu'il survient une augmentation
dans le prix, causée par la guerre,
par la mauvaise récolte, ou par tout
autre accident, il y aurait évidem-

____

(1) Le prix courant de la livre de gomme, dans
les places de commerce, était, en l'an 11, à 1 liv. 17 s.
6 den. *Mémoire de M. Laserre, pag.* 87.

ment de l'injustice de l'attribuer à la concurrence ; au reste, cette augmentation possible n'est ici que d'une considération secondaire ; l'équilibre commercial n'est que faiblement altéré par cette circonstance, puisqu'en définitif ce renchérissement éventuel est toujours supporté par le consommateur.

Cela posé, jetons un coup-d'œil sur le tableau comparatif des prix de la gomme, et des marchandises qu'on donne en retour, en partant du principe ci-dessus.

Le quantar (1), mesure des Maures, en le supposant de 2,200 livres pesant, terme moyen, revient, à raison de 12 sous la livre, à.......... 1,210 liv.

Bagatelles et verroteries..   70

Prix total.............. 1,280 liv.

____

(2) Les Maures vendent la gomme au quantar ; le quantar se subdivise en gamelles ; il y a cinq

Cette somme de 1,280 livres présente un équivalent de 25 pièces de guinées, sur le pied courant de 50 livres, ou 10 barres chaque.

Produit du quantar par la revente.

Ces 2,200 livres de gomme, revendues au Sénégal, au prix de 17 sous la livre, seconde main, donnent un produit de 50 pour $\frac{0}{9}$.............. 1,870 liv.

Et en France, en ne portant le prix de la revente qu'à raison de 2 fr. la livre, le quantar doit rapporter à l'armateur.. 4,400 fr.

Ainsi, le bénéfice brut, par quantar, sera au Sénégal, de........ 590 liv.

En France..... 3,120 fr.

gamelles au quantar. Son poids a varié; il a été porté successivement de 1,800 à 2,600 pesant : terme moyen, 2,200. *Voyage au Sénégal, sur les mémoires de M. de Lajaille*, pag. 188.

Voilà les renseignemens que l'expérience de plusieurs années nous
fournit. On peut consulter à cet égard
les relevés des états d'importation et
d'exportation de cette denrée dans les
bureaux de l'administration des doua-
nes, et l'on se convaincra de la vérité de ce que j'avance : la concurrence n'est donc point si préjudiciable
au commerce, que veut le faire croire
le colonel Laserre.

Apologiste du plan qu'il a conçu,
il n'oublie rien de ce qui peut lui
concilier des partisans; dans cette vue,
il avance qu'en l'an 9 la gomme a
été achetée au Sénégal 30 sous la
livre, et que cette même année la
traite (1) a coûté à la métropole 32,000
pièces de guinées, tandis qu'en l'an 10,
la même quantité de gomme n'au-

____

(1) Mémoire, page 78. Plus loin, page 83, il
prétend qu'elle en a absorbé trente-quatre mille;
quelle est de ces deux assertions celle qui mérite le
plus de confiance?

rait coûté à la société que 14,500 pièc.

Ainsi, la balance serait
en notre faveur de...... 17,500 pièc.

Les bénéfices eussent été encore bien plus considérables, selon le sieur Laserre, si la malveillance ne s'était occupée d'entraver les opérations de la compagnie.

Je lui réponds, la lettre du Ministre de la marine à la main, et avec la certitude de ne point être démenti, qu'il est faux qu'en l'an 9 la livre de gomme ait été vendue 3o sous au Sénégal; il n'y a que le sieur Laserre qui ose avancer un fait aussi apocryphe, dans la vue, sans doute, d'accréditer sa chimère. Voici ce que lui écrivait le ministre le 1o messidor an 1o :

« Ce qui m'a frappé, c'est que le « haut prix de la gomme est plutôt « dû à votre manière d'administrer, « qu'au régime qui était suivi avant « vous : *je ne sache pas qu'elle se soit*

« *élevée encore à* 3o *sous la livre ,* prise
« dans la colonie. Cependant , si la
« concurrence était le vrai motif de
« la hausse , c'est en l'an 9 où elle au-
« rait dû être plus chère que jamais ,
« puisque , suivant l'état d'exportation
« que vous m'avez adressé pour cette
« même année , vingt-un bâtimens
« ont été employés pour l'exportation
« de cette même production. »

Quelle idée M. Laserre nous ins-
pire-t-il de sa véracité , lorsqu'il se
vante complaisamment d'avoir pro-
curé, en l'an 10, au commerce, une
économie de 17,5oo pièces de guinées,
sur une égale quantité de gomme ,
qu'on s'était procurée l'année précédente ! cette prétention est d'une ab-
surdité qui tient à-la-fois du cynisme
et de la démence.

Comment, en effet, persuadera-t-il
que les Maures, qu'il nous présente
partout si avides de gain et si caute-
leux, aient pu se déterminer à livrer

en l'an 10, pour 17,500 guinées de moins, une quantité de gomme égale à celle qu'ils nous avaient vendue en l'an 9? Quel est le charme dont il s'est servi pour opérer ce prodige? Quel est le magique ressort qui a ouvert les mains des Maures, au lieu de les déterminer à enfouir leur gomme, ou à la porter à Portendick?

Pour nous démontrer la certitude de ce fait incompréhensible, M. Laserre, à la page 79 de son mémoire, nous renvoie à la pièce justificative sous le n.° 19. Je m'empresse de la parcourir, et je n'y vois rien de ce qu'on m'a promis; je lis seulement qu'on y rend compte de l'emploi de la gomme acquise à la République du produit de ses 10 actions: mais ce que j'ai intérêt de connaître, ce merveilleux rapport d'égalité dans le produit, et de la différence énorme dans le prix d'achat, à deux époques aussi rapprochées; c'est en vain que je le cherche, je ne l'y trouve point. Est-ce donc ainsi qu'on se joue des hommes et de la vérité!

Toujours en opposition avec lui-même, le sieur Laserre déclare que 12,285 pièces de guinées sont passées seulement entre les mains des Maures: il lui était aussi facile et plus conséquent peut-être de n'en accuser que 10,800, ainsi qu'il résulte de son règlement du 22 pluviose. Plus haut, il en énonce 14,500 : pourquoi toutes ces variantes?

Le sieur Laserre, en avançant que la quantité de la gomme traitée en l'an 10, était égale à celle de l'an 9, pour laquelle on avait payé 32,000 guinées, aurait dû nous indiquer la source dans laquelle il avait puisé cet éclaircissement; il a jugé peut-être que c'était assez inutile; il a cru qu'il lui suffisait d'une simple assertion pour s'acquérir la confiance: rien n'est plus commode assurément.

Si, en l'an 9, une plus grande quantité de guinées est passée dans les mains des Maures, elle a produit aussi plus de gomme; c'est ce qu'il fallait confesser sans déguisement. On se rappelle qu'il y avait 21 bâtimens en rivière; la traite avait toute l'activité dont elle était susceptible; les résultats aussi ont été proportionnels, cela devait être. En l'an 10, au contraire, elle a été moins fructueuse, parce qu'on est parti trop tard; la compagnie n'avoit expédié qu'un seul navire pour chaque escale; il y a eu conséquemment peu d'affaires, la gomme a été rare (1); les Maures rebutés ont été forcés de la remporter avec eux; et c'est ce qui explique la différence dans la livraison des guinées, dont le sieur Laserre s'est fait un moyen pour

____

(1) C'est ce qui explique comment, sous l'administration de M. Laserre, cette denrée s'est élevée au Sénégal au prix énorme de 26 sous la livre. *Voy. le mémoire, pag.* 101.

nous persuader que l'avantage avait été tout de notre côté, tandis que cette différence ne prouve autre chose, sinon que la traite n'avait point eu, cette année, sous l'influence de celui-ci, le développement qu'elle aurait eu sous un autre. Cette conséquence est frappante de vérité.

M. Laserre a bien prévu que s'il était livré à ses déclarations isolées, on pourrait bien ne pas accorder à la véracité de son caractère tout l'honneur qu'il mérite : aussi s'environne-t-il prudemment du témoignage, selon lui respectable, de (1) MM. *Surville, Moustey* et *Malleville*. Mais pourquoi recourir à ces messieurs ? Ne suffisait-il point du compte rendu par les commissaires de la société, puisqu'ils en étaient membres, et qu'ils y étaient

---

(1) MM. Surville et Malleville étaient commissaires de la société, et nommés par elle pour faire en rivière le commerce exclusif. Art. III du règlement du 22 pluviose.

intéressés pour 1300 pièces de guinées ? Pourquoi les faire déposer individuellement, lorsqu'ils l'ont déja fait collectivement dans ce compte mentionné à la page 84 ? M. Laserre a calculé comme ce guerrier qui, resté seul chargé de défendre un poste, multipliait sa voix ainsi que son activité, et la déguisait sous mille formes, pour tromper par ce stratagême les assaillans.

Le sieur Laserre, Protée aussi ingénieux, agit dans le même sens. Non content de se faire justifier par la société monopole, il adjure encore les monopoleurs ; c'est avec de semblables témoins qu'il cherche à persuader que la pièce de guinée, dont il élève hyperboliquement le produit à 76 livres pesant de gomme, en aurait rendu 150, sans les oppositions des révoltés (1), voulant insinuer par-là que l'on avait

---

(1) M. Moustey était membre et actionnaire de la même compagnie. *Page 84 du mémoire.*

tenté de faire la traite séparément, et
de rivaliser avec la compagnie à main
armée; et voilà ce qu'on appelle avec
orgueil se justifier!

2.° Un autre paradoxe non moins
bizarre de M. Lasserre, est de prétendre qu'outre l'avantage de n'envoyer qu'un seul vaisseau pour traiter
dans chaque escale, on serait sûr de
plaire aux princes des tribus *Trarzas*
et *Braknas*. La raison qu'il en donne,
mérite d'être saisie : *c'est que, lorsque
leurs sujets sont trop riches, ils ne peuvent plus les contenir ni s'en faire
obéir* (1).

J'accorde ce dernier motif, tout in-
définissable, tout risible qu'il est; et

____

(1) Mémoire, page 21.
Si l'appauvrissement des Maures était dans le
vœu de leurs princes, ils devaient être bien satis-
faits de M. Laserre, qui avait débuté par leur en-
lever, la première année, 17,500 p. de guinées. Comment ne voit-il pas que des contes aussi puérils ne
sont bons qu'à faire rire les uns, et à exciter la pitié
des autres!

certes je n'ai aucun intérêt de m'opposer au desir des princes Maures, pourvu qu'il y ait moyen de le concilier avec l'intérêt de notre commerce. Mais ne serait-il pas possible que cette lettre dont l'original, avoue-t-on avec candeur, a été brûlé, ne fût qu'un jeu de l'imagination du sieur Laserre, pour faire croire que, dans la conception de son système novateur, il agissait de concert avec les princes Africains? Je m'abstiens de toute réflexion à cet égard; je me borne à faire remarquer qu'abstraction faite de l'odieux du monopole, cet envoi d'un seul bâtiment à chaque escale, nous causerait un dommage inappréciable, en enlevant au commerce une circulation de plusieurs millions, en jetant une foule de marins dans le désespoir, et en frappant une partie de nos ports et de nos chantiers d'inertie et de mort (1).

____

(1) Ceci va devenir sensible pour tout le monde.

'Ainsi, l'envoi projeté d'un seul bâti ment par chaque escale, est une conception aussi fausse dans son principe, que funeste dans ses conséquences.

3.º Je réponds enfin que la faculté accordée à chaque habitant ou subrécargue français de prendre des actions dans la société, n'est qu'un palliatif impuissant imaginé pour sauver l'odieux du privilége exclusif.

Ces actions, soutient M. Laserre,

Supposons qu'il parte tous les ans pour le Sénégal quinze bâtimens chargés de 1,800 pièces de guinées.

Ces quinze navires, estimés 40,000 f. chaque, forment un produit de......	600,000 f.
Evaluation de leur cargaison, à 108,000 fr. chacune..................	1,620,000
Radoubs, constructions nouvelles de quatre, par chaque année, à 40,000 f.	160,000
Armement, vivres, avances à l'équipage, assurances, 15,000 f. chaque....	225,000

Ce commerce, indépendamment des marins qu'il occupe et des bénéfices opérés par les retours, entretiendrait une circulation annuelle de deux millions six cent cinq mille francs, ci..... 2,605,000 f.

étaient lucratives aux négocians : je
soupçonne, moi, qu'elles l'étaient plutôt aux actionnaires seuls, à ceux principalement qui avaient eu intérêt de la
créer, et qui osent encore en faire l'apologie. Si elles étaient si avantageuses,
pourquoi une partie des habitans du
Sénégal *ont-ils refusé d'y être compris* (1) ?
Pourquoi tous les capitaines entrés en
rivière, et les chambres de commerce,
ont-ils éclaté en plaintes et en reproches contre lui ? Comment le sieur La-

____

(1) Art. xix du règlement du 22 pluviose. Croira-
t-on que, malgré ce dissentiment, qui a attiré à cinq
notables habitans de la colonie le malheur d'un
emprisonnement rigoureux ; croira-t-on que le sieur
Laserre a eu l'inconcevable courage de consigner
dans sa lettre du 5 brumaire, au Ministre de la
marine, les expressions suivantes : « L'unanimité
« des habitans, citoyen Ministre, a applaudi à cette
« mesure, et m'en témoigne chaque jour sa satisfac-
« tion ». *Mémoire*, *pag.* 26. Je crains bien que le
lecteur ne fasse au sieur Laserre l'affront de ranger
cette unanimité prétendue dans la même cathégorie
que la lettre supposée de deux chefs des tribus
Trarzas et *Bracknas*.

serre parviendra-t-il à expliquer ce concert général d'improbations? Comment
le Ministre lui-même, au lieu de louer
sa conduite, l'a-t-il au contraire sévè-
rement censurée?

Si le sieur Laserre jouit, comme je le
pense, de la plénitude de sa raison, il
ne doit pas espérer, quels que soient ses
talens et son industrie, d'éclairer les
négocians sur la manière de concevoir et de diriger leurs intérêts commerciaux; c'est donc, tout au moins, une
dérision de vouloir persuader au commerce et à M. Thibault en particulier,
d'après le calcul hypothétique exprimé
à la page 86 de son mémoire, qu'il lui
a été facile de faire un bénéfice considérable.

C'est combler la mesure de l'outrage,
après avoir mis d'autorité un em-
bargo sur les marchandises des négocians français, de dire et d'imprimer:
*Si M. Thibault n'a pas fait de bénéfices,
c'est qu'il n'a pas bien opéré, c'est que son*

navire a plus servi aux révoltés qu'au com-merce (1).

Que répondra M. Laserre, si , au nom de ce même commerce, on lui faisait observer que les armateurs, n'ayant aucun avis de la *moyenne proportionnelle* (2) qu'il lui plaisait d'imaginer, avaient concerté et expédié leurs armemens , dans l'attente de jouir de la liberté indéfinie de la traite, sans pouvoir se douter qu'on ne les y fît participer que pour un tiers de leurs marchandises ; sans deviner qu'on soumît leurs chargemens à une vérification dont le moindre inconvénient était d'ouvrir la porte à une foule d'abus vexatoires et de prétextes tyranniques? Que dira-t-il, enfin, si on lui prouve que, même en admettant la justesse et l'exactitude de ses calculs, il serait encore souverainement déraisonnable,

____

(1) Mémoire, page 88.

(2) C'est ainsi qu'il appelle son plan d'association exclusive. *Mémoire*, pag. 78.

dans cette hypothèse, de lui présenter, à titre de dédommagement, un bénéfice partiel et morcelé, tandis que, pour être juste, il faut le laisser jouir de toute l'étendue possible de bénéfice, afin que la compensation puisse s'établir avec les pertes fréquentes et les catastrophes dont le commerce maritime est sans cesse menacé.

La mesure était donc arbitraire et préjudiciable au commerce : si elle était cependant commandée par les circonstances, il fallait en donner connaissance aux principales villes de commerce. Il y avait sept mois révolus que le sieur Laserre était au Sénégal ; par quelle fatalité donc ne pense-t-il à son projet de monopole qu'à la veille de la traite ? Quel danger y avait-il de suivre les anciens erremens cette première année de son administration ? Et si le mode de traite suivi jusqu'alors lui avait paru comporter des améliorations ; s'il était tellement agité de la manie d'innover, il aurait eu tout le loisir de mûrir ses idées, d'arrêter un plan quelconque, et de le soumettre à l'autorisation du Gouvernement. En prenant ce parti que lui auraient donné des gens éclairés s'il en avait consulté, il eût évité le reproche grave et fondé de s'être permis un abus de pouvoir sans exemple; il n'aurait point soulevé contre lui toutes les voix qui l'accusent sur toute la surface de l'empire, de s'être livré à des spéculations personnelles; d'avoir voulu écarter, dans son unique intérêt, une concurrence qui pouvait lui devenir funeste; d'avoir, enfin, foulé arbitrairement aux pieds les prérogatives sacrées du commerce dont il devait se montrer l'austère et l'infatigable défenseur.

Mon intérêt personnel, s'écrie le sieur Laserre ! mais c'était celui de la société : je n'ai rien arrêté, je n'ai fait qu'autoriser son exécution, les commissaires étaient tout ; ils avaient la direction de l'entreprise ; je n'étais rien, absolument rien.

Ce langage n'est point celui de la vérité ; il ne peut séduire que des esprits superficiels ou naturellement crédules. Mais ceux qui, doués de quelque pénétration et d'un sens droit, ont vu la liste des noms des actionnaires de votre société (1) ; ceux qui y verront la dame votre épouse inscrite pour 900 guinées, représentant une valeur de 54,000 liv., ne seront pas si disposés à vous croire; ils iront peut-être même jusqu'à se persuader que le nom de madame La-serre y figurait pour celui de M. le Commandant. Si, par impossible, il en est autrement, avouez, au moins, que la conjecture est pardonnable, et que c'est ici moins le cas de blâmer *Théodora* dont j'ai parlé au commencement de ce mémoire, que *Théophile* lui-même. Il est vrai que vous n'étiez que

_____

(1). Voyez les Pièces justificatives, N.° I.

simple commandant de colonie, et non empereur, et que vous étiez, sous ce rapport, dispensé de porter la rigidité des principes jusqu'au mépris des richesses : à la bonne heure ; mais c'est une inconséquence bien étrange, convenez-en ; lorsqu'on vous passe de les rechercher, il est injuste même de traiter les autres comme s'ils les méprisaient véritablement.   .

Maintenant qu'il paraît certain que le sieur Laserre s'était particulièrement intéressé dans le privilége exclusif pour 900 guinées, et qu'il peut nous donner des renseignemens précieux sur les autres actionnaires, me sera-t-il permis de lui demander s'il ne se serait point fait inscrire également, sous le nom du sieur Badger, son parent, pour 400 guinées ? Si cela était, comme cela paraît probable, puisque celui-ci était décédé un an avant la création de la compagnie, et que les morts s'occupent peu de spéculer par privilége ni

autrement, il arriverait que M. Laserre
aurait été propriétaire de 1300 pièces
de guinées, qui, d'après sa propre éva-
luation, représenteraient une valeur de
78,000 liv. (1). Cela n'expliquerait-il
pas plus efficacement que tout ce qu'il
nous pourrait dire, le principe de ce
zèle avec lequel il a plaidé la cause des
intéressés au commerce exclusif, et
combattu avec tous les foudres de la
puissance les misérables qui osaient
se déclarer pour la liberté du commerce?
Concluons donc de ces raisonnements,
1.° que la question sur la préférence à
donner à la concurrence ou au régime
prohibitif, avait été irrémissiblement
décidée contre celui-ci.

____

(1) Si, d'après M. Laserre, page 85 du mémoire,
tous les actionnaires n'ont mis dans la société que
le tiers de ce qu'ils pouvaient employer dans la
traite, il faut, ou qu'il en ait imposé en y mettant
tout son pécule, ou qu'il eût encore en son pouvoir
2,600 guinées, représentant 156,000 fr. M. Blanchot,
que n'étiez-vous un spéculateur comme M. Laserre!
vous n'auriez point eu les coudes déchirés.

2.º Que lors même qu'il eût permis au sieur Laserre de l'agiter de nouveau, l'exemple du passé, le témoignage imposant de l'expérience, les instructions qu'il avait reçues à son départ, lui faisaient un devoir rigoureux et sacré de laisser au commerce la latitude et la liberté dont il avait joui depuis 1791, jusqu'à son arrivée au Sénégal.

3.º Que s'il s'est mis en opposition avec toutes les volontés, s'il s'est jeté dans un arbitraire effrayant, s'il s'est exposé à être accusé de malversation et d'abus de pouvoir par le Gouvernement (1), c'est pour s'être laissé éblouir par la perspective séduisante que lui offrait un commerce dégagé des entraves de la rivalité : voilà sa faute.

Voyons maintenant si elle est excusable.

____

(1) Pièces justificatives, N.º II.

CHAPITRE VI.

La demande plus qu'équivoque faite au Ministre d'approuver le règlement du 2 2 pluviose, n'absout point M. Laserre du reproche de l'avoir fait provisoirement exécuter.

L'excuse du sieur Laserre consiste à dire qu'ayant sollicité l'approbation de sa mesure réglementaire, par sa lettre du 5 brumaire, il a dû interpréter ce silence comme un assentiment tacite, et que celle du Ministre de la marine, du 10 messidor, ne lui étant parvenue qu'après que tout a été consommé, il ne peut être jamais répréhensible de l'avoir fait exécuter dans l'intervalle du temps qui a précédé la réception des dépêches ministérielles.

Il est aisé de voir que, par cette ingénieuse adresse, M. Laserre entend faire de cette partie de sa défense la matière d'une question morale, et que, fort de ses bonnes intentions, il veut avec confiance se retrancher dans la simplesse de son cœur, et dans *la passion du bien* dont il était échauffé.

Je ne suis point tout-à-fait de cet avis, et je pense que l'intelligence de M. Laserre, dont personne ne doute aujourd'hui, a pour le moins autant de part à sa conduite que sa conscience.

S'il l'a interrogée, comme il est probab le elle doit lui avoir dit que, dans l'incertitude s'il devait provisoirement obéir ou désobéir, s'il pouvait provisoirement exécuter ou violer ses instructions, dans le doute, s'il était plus opportun de laisser provisoirement au commerce son allure accoutumée, que de le mettre au régime dévorant de sa *moyenne proportionnelle*; elle doit lui avoir dit infailliblement qu'il devait d'abord obéir, autrement il n'y aurait en administration, ni règle stable, ni principe assuré.

La raison est sensible : un délégué du Gouvernement trouverait sans cesse sous sa main les moyens de franchir la limite qui lui aurait été tracée; il n'aurait qu'à imaginer un prétexte plausible, fondé sur des circonstances impérieuses, et l'on sait si les motifs, si les prétextes sont difficiles à trouver; il n'aurait qu'à se concerter avec quelques co-intéressés, prendre, en calculateur adroit, une *moyenne proportionnelle* entre son devoir et ses vues secrètes, et les colorant d'une apparence de zèle, les consigner dans un règlement distribué en 20 articles; retranché ensuite derrière ce même règlement qu'il n'enverrait point à l'autorité, ou qu'il lui enverrait lorsque tout serait irréparablement consommé, il aurait, quoi qu'il pût arriver dans la suite, agi provisoirement selon ses vues particulières, et dans le sens bien entendu de son intérêt personnel. Voilà un secret unique pour désobéir en toute sûreté de conscience, et pour désobéir avec impunité. Cette théorie est ingénieuse ; on serait tenté d'en attribuer la conception à M. le colonel.

En effet, le commandant du Sénégal écrit au Ministre, le 5 brumaire an 10, une lettre contenant le premier avis de son projet de traite par une société exclusive, et cette lettre n'est point numérotée ; elle ne parvint dans ses bureaux que le 28 prairial, après même la réception du règlement du 22 pluviose, arrivé le 11 du même mois.

Observons d'abord à M. Laserre que, suivant l'ordre invariablement suivi dans les bureaux du Ministre, toutes les dépêches quelconques sont envoyées au secrétariat général, qui, après avoir porté sur un registre particulier la date de leur réception, les distribue aux divisions respectives : ainsi, point d'équivoque sur cette nature de travail ; il ne peut pas même y en avoir.

Il est bon d'observer encore que pour obvier aux inconvéniens causés par la perte accidentelle des lettres, et

pour prévenir toute espèce de confu-
sion, on a exigé que chaque lettre fût
numérotée dans son ordre numérique:
on conçoit facilement la sagesse de
cette mesure. Ces observations étaient,
je le crois, indispensables.

Aussi, lorsque la lettre du 5 brumaire est parvenue au Ministre, elle
a été enregistrée au secrétariat sous le
n.º 5403; on lit même sur l'émarge-
ment de l'original la date de sa réception du 28 prairial : voilà un fait qui
est incontestable (1).

Cependant M. Laserre proclame hautement qu'il l'avait expédiée dès le
mois de frimaire , avec une autre da-
tée du 4 de ce mois, par la corvette
le Curieux, capitaine *Jugan*, lequel, as-

____

(1) C'est ce qu'insinue M. Laserre par ces expressions : Ce plan d'association énoncé en frimaire,
rappelé en ventose , *on n'a pensé à l'improuver qu'en
messidor !* Eh ! comment aurait-on pu l'improuver
plus tôt, puisque vous saviez bien qu'il n'y arriverait
point, ou qu'il n'y arriverait que lorsque la traite serait consommée. *Mémoire , pag.* 98.

sure-t-il, est arrivé le même mois : il est donc impossible, s'il faut l'en croire, qu'elle ne soit parvenue que le 28 prairial.

M. Laserre veut-il, par une assertion aussi tranchante, imputer au Ministre ou aux bureaux, puisqu'il affecte de les nommer fréquemment, l'étrange reproche d'avoir gardé le silence, pour en conclure une approbation tacite, de laquelle on ne se serait ultérieurement départi, que pour l'indigne plaisir de le compromettre!

Si c'est ce qu'il veut faire entendre, il faut l'instruire que, dès le 25 prairial (1), 14 jours après la réception de sa lettre du 22 pluviose, et du règlement, il fut fait un rapport au Ministre de son contenu, d'après lequel

______

(1) M. Thibault avait, par une méprise facile, transporté à ce jour la réponse improbative du Ministre, qui n'est véritablement que du 10 messidor : il faut voir comme M. Laserre s'est prévalu de cette tres-insignifiante équivoque. *Mémoire, p.* 81.

fut rédigée la lettre improbative du 10 messidor.

Ainsi, point de doute sur la date de la réception ; c'est postérieurement à celle du 22 pluviose, arrivée seulement le 11 prairial.

Quel intérêt aurait eu le Ministre de dissimuler cette réception ? Aucun assurément. Le sieur Laserre, au contraire, n'en aurait-il pas eu un très-grand à antidater sa lettre du 5 brumaire, ou à la garder entre les mains, s'il est vrai qu'elle ait été réellement écrite à cette époque ?

Il n'est donc point prouvé, quoiqu'il l'avance avec tant de confiance, dans une note, page 93 de son mémoire ; il n'est point, dis-je, prouvé que la lettre du 5 brumaire soit parvenue en son temps ; il est prouvé, au contraire, qu'elle ne pouvait être arrivée dans les bureaux : c'est ce que je vais achever de démontrer.

On a déja remarqué que l'usage invariablement suivi est de numéroter toutes les lettres ; celle adressée par lui, le 22 pluviose, l'était sous le n.º 31. Pourquoi donc celle du 5 brumaire était-elle sans numéro? C'est au sieur Laserre à nous en dire la raison.

Mais il garde un silence absolu ; et le silence fut-il jamais un éclaircissement?

Cependant cette absence de numéro n'est point l'effet du hasard, sans doute, cette explication serait trop extraordinaire, rapprochée surtout de la circonstance plus extraordinaire encore du départ de cette même lettre expédiée en frimaire, et qui n'arrive que le 28 prairial, c'est-à-dire, 233 jours après sa date, tandis qu'il ne lui en fallait que 25 pour parvenir à sa destination.

Ce n'est donc point au hasard ni à l'oubli qu'on doit raisonnablement attribuer cette omission, mais au calcul de la prudence qui le caractérise.

Voici l'explication de cette facile énigme.

Bien convaincu que ce plan de monopole ne serait jamais approuvé du Gouvernement, il a bien fallu s'en passer; dès ce moment, il ne s'est plus agi que de trouver un expédient pour donner une couleur de régularité à la mesure, et pour la rendre moins révoltante.

Dans cette pensée, on a retardé, le plus possible, l'expédition du règlement arrêté le 22 pluviose, et partant de cette idée, supposer une lettre antécédente que l'on écrirait à volonté, et qu'on ne lâcherait que dans un temps voisin du départ de la seconde; de là, enfin, la précaution de ne point numéroter, afin, sans doute, que la lacune que devait produire la rétention de la lettre, ne fût point remarquée : c'est ce qui est exactement arrivé.

Voilà les conjectures les plus raisonnables qui se présentent à l'esprit de

celui qui cherche à pénétrer cette mys-
térieuse réticence ; je conviens néanmoins que si elle était isolée de toute
autre présomption, elle ne mériterait
point d'être aussi rigoureusement in-
terprétée : mais, dans le concours des
circonstances qui l'environnent, je le
dis avec confiance, cette réticence est
coupable.

Cette inconcevable omission n'avait
point échappé à M. *Thibault*, propriétaire du navire le *Jeune Henry* ; il avait
même provoqué, sur ce point, l'attention particulière du Ministre. Qu'a ré-
pondu M. Laserre? Rien : il se borne à accuser ce dernier d'avoir obtenu ces ren-
seignements par des voies illégitimes.
Pourquoi recourir à cette calomnieuse
supposition, lorsque cette découverte
s'explique nécessairement par des
moyens aussi simples que licites?

M. *Thibault*, et avec lui M. *Bourcard*
de la même ville, et la place de commerce de Bordeaux, élèvent des plaintes

contre M. Laserre. Le premier, entr'autres, forme une demande en domma-
ges-intérêts contre lui; la lutte est ou-
verte; chacune des parties a besoin des
documens qui sont au seul pouvoir du
Ministre, qu'on ne peut, en un mot, se
procurer que dans ses bureaux; pourquoi n'iraient-ils pas les y chercher, et
pourquoi les leur refuserait-on? Est-ce
que le sieur Laserre n'a point eu besoin
aussi de renseignemens et de communication de pièces pour se défendre?
Les lui a-t-on refusées? N'a-t-il point,
au contraire, joui de la latitude la plus
ample? A-t-il, enfin, été dans la nécessité de prendre la forme d'un rep-
tile pour s'introduire auprès de nous,
sous des lames d'argent (1), ainsi qu'il

---

(1) M. Laserre ne va point jusqu'à accuser le
Ministre et *les premiers commis* d'intentions malfai-
santes, il est trop prudent pour cela; sa vertueuse
indignation n'a pour objet que les subalternes, qu'il
ne connaît pas davantage, mais dont, sans doute, il
appréhende moins le ressentiment. Vous êtes, M. La-

le dit dans son mémoire; et s'il est vrai
que les bureaux ont été long-temps
occupés à lui fournir des expéditions
de tout ce qu'il appelle ses pièces justificatives, pourquoi se trouve-t-il offen-
sé d'une communication dont il a par-
tagé la faveur avec ses adversaires? On
voit bien que M. Laserre est étrangement préoccupé de son système de privilége exclusif, et qu'il veut, dans sa
manie, l'étendre aux circonstances les
plus indifférentes.

Poussé par l'aigreur de son exaspéra-
tion, par le ressentiment qu'il éprouve
d'avoir trouvé, dans ces mêmes bureaux, toutes les portes fermées aux
reptiles qui cherchent à s'y introduire,
il n'a point assez réfléchi à l'inconséquence de ses calomnies. Cela prouve
qu'il lui est plus facile d'épancher un

---

serre, un très-prudent *calculateur*. Quand vous n'auriez point justifié cette qualité au Sénégal, votre
conduite en France suffirait pour vous la mériter.
Mémoire, *pag*. 93.

torrent de fiel, qu'une idée juste et raisonnable ; de faire une froide métaphore qu'une bonne apologie.

C'est ainsi que, tourmenté par la pénible et inquiétante nécessité de se justifier, il croit rendre sa tâche moins épineuse, en imputant à surprise toutes les décisions du Ministre. D'après cette supposition, aussi indécente qu'injurieuse à l'autorité, le Ministre n'aurait rien fait, rien connu ; on lui aurait dissimulé le contenu de sa lettre adressée, le 29 ventose an 1ᶜ, à M. *Elisée-Nairac*, de Bordeaux (1) ; il n'aurait pas moins été étranger au rapport du 25 prairial et à la réponse du 10 messidor (2). Les ministres ne seraient plus que des automates dont les

____

(1) Il est évident, dit M. Laserre, que le Ministre n'a pas signé cette lettre avec connaissance de cause. *Mémoire*, *pag*. 92.

(2) Pourquoi ce déchaînement contre les bureaux, ou plutôt contre les subalternes? Est-ce qu'il les aurait trouvés indociles à ses propositions? Il s'était cependant vanté au Sénégal, avec 100,000 liv., de

bureaux feraient mouvoir la volonté et la main comme ils le jugeraient à propos. Ainsi, lorsque les lettres con-tiennent des dispositions qui le bles-sent, elles sont subreptices, la *signa-ture en a été surprise* (1)*!* Pourquoi n'a-t-il point fait le même reproche à celle du 10 messidor? N'était - elle point conçue dans le même esprit que celle de ventose? Et, comme il n'en coûte pas davantage, lorsqu'on a un intérêt visible à douter, de laisser aller le pyr-rhonisme aussi loin qu'il lui plaît, que n'accuse-t-il aussi les bureaux du con-seil-d'état d'avoir surpris au Premier Consul l'arrêté du 7 floréal an 12, qui le défère aux tribunaux? Il aurait tout aussi bien fait d'alléguer que la signa-ture est subreptice et donnée sans con-

---

faire taire ces *scribes*. Certes, c'est bien eux que vous désigniez par cette dernière épithète, car vous êtes trop révérentieux envers les premiers commis, pour qu'on la leur applique.

(1) Mémoire, page 34.

naissance de cause; l'un ne serait pas plus extraordinaire que l'autre.

Quel était donc le contenu de cette lettre du 19 ventose, qui a enflammé son ressentiment contre quelques capitaines marchands, et surtout contre M. *Ducros*, subrécargue du navire le *Jeune Richard?* Ce contenu était simplement la reconnaissance du droit d'entrer en rivière pour y faire la traite. Il n'y avait rien en cela de si extraordinaire, de si étrangement nouveau, que l'on pût en conclure que la religion du Ministre eût été trompée. Ce qui aurait dû frapper le sieur Laserre, c'eût été l'interdiction de la traite, si le Ministre avait pu l'ordonner, et non la reconnaissance formelle d'un droit dont les négocians français avaient joui sans aucune interruption depuis 1791. La traite et l'entrée en rivière formaient le droit commun; et si quelque chose est propre à exciter de l'étonnement et des plaintes, ce n'est

point de s'y conformer, mais, au con‑
traire, de le violer : la surprise, les ré‑
clamations de M. Laserre à la vue de
la lettre, étaient donc en sens inverse
de ce qu'elle devait lui inspirer, si son
cœur eût été véritablement animé de
bonnes intentions.

Au lieu de cette interprétation facile;
au lieu de renoncer franchement à sa
chimère, et de voir dans cet écrit la
censure anticipée de sa conduite, il
s'en prend, à qui ? Au rédacteur de la
lettre qui n'en peut mais, et, au moyen
de ce détour ingénieux, il impute au
Ministre d'avoir voulu tout boule‑
verser au Sénégal, et avilir son auto‑
rité (1); il invective le subrécargue, et
il lui reproche d'avoir voulu, en 1792,
insurger, dans l'île de *Gorée*, des nègres
et des mulâtres. C'est bien vraiment de
quoi il est question! il ne s'agit point
de ce qu'a pu faire ce dernier à une

____

(1) Mémoire, page 93.

époque quelconque, ni de sa conduite dont personne ne se plaint, mais bien de l'exercice d'un droit facultatif et incontestable, d'un droit fondé sur l'intérêt général, autorisé par le Gouvernement, et consacré par une loi. Voilà ce dont il est uniquement question ; mais c'est aussi ce qui révolte le sieur Laserre : trois subrécargues, la lettre du Ministre à la main, sollicitent l'entrée en rivière ; mais s'il a la faiblesse de l'accorder, tout sera bouleversé dans sa compagnie ; les bénéfices qu'il espère retirer dans la proportion de ses 1300 guinées, s'évanouiront : il a donc dû s'y refuser inflexiblement, par cette raison démonstrative, que c'eût été mettre tout en combustion, et compromettre *son autorité.*

C'est ce qu'il avoue avec une ingénuité de sentiment bien remarquable : « ils eus- « sent, dit-il, établi une concurrence « avec la société formée, et déjà en posses- « sion de traiter aux escales ; ils eussent

« détruit ainsi tout l'avantage qui devait
« en résulter ; ensuite, les autres capi-
« taines eussent exigé pour eux la même
« faveur; et ceux qui auraient confié
« leurs marchandises à la société, (*nota*
« *bene*) auraient donc aussi été former
« une concurrence contre leur propre
« intérêt, stipulé par cette société (1)? »

Voilà donc cet intérêt personnel à dé-
couvert ; voilà enfin la cause de cette
ombrageuse susceptibilité, prête à tom-
ber en convulsion, à la seule idée de
concurrence, bien connue ! ce sont les
intérêts des membres admis dans la société qui excitent ses vives alarmes ;
et comme de tous les actionnaires, c'est
lui qui en a fourni la plus grande
quantité , on conçoit facilement que
son anxiété devait être en raison directe
de cette même quantité.

Ah ! que vous méritiez bien, M. Ducros,
par votre indiscrette prétention, d'avoir

____

(1) Mémoire, page 92.

votre part dans les injures du commandant !

Les développemens dans lesquels je
viens d'entrer, donnent, je crois, la mesure exacte et vraie de la conduite de
M. Laserre, pendant le peu de temps
qu'il a gouverné le Sénégal, et des reproches indiscrets qu'il s'est permis de
diriger, avec autant d'indécence que
de légéreté, contre les bureaux du
Ministre de la marine.

Avec un peu plus de réflexion et de
prudence, il aurait aisément compris
que ceux qu'il accuse d'avoir trompé la
religion du Ministre, n'avaient point
d'intérêt à se déclarer contre lui, qu'ils
ne connaissaient sous aucune espèce
de rapport ; qu'en leur prêtant toute
la malveillance imaginable, il eût fallu
pousser la supposition jusqu'à les
mettre d'intelligence avec les premiers
commis, dont cependant il respecte
les intentions. Ainsi, pour se justifier,
M. Laserre est réduit à intenter les ac-

cusations les plus calomnieuses , et à se jeter dans des hypothèses qui ne peuvent convenir qu'à des esprits atteints de vertige et d'extravagance.

Et s'il est vrai que les personnes attachées aux bureaux, eussent été aussi indisposées contre lui, qu'il affecte de le penser, n'est-il pas évident, qu'avec l'influence qu'il leur accorde bien gratuitement, ils eussent pu, dès le 25 prairial , au lieu d'un rapport improbatif, proposer son rappel ; et certes les motifs étaient assez graves déjà, pour qu'on fût à l'abri du soupçon, d'agir par haine ou partialité.

Cette observation qui s'est déja présentée infailliblement à tout esprit judicieux , est certes sans replique. Ce n'est donc point à une influence subreptice que le sieur Laserre doit attribuer sa destitution : ce ne peut pas être non plus à la connaissance de son plan de société , puisqu'on s'était borné à l'improuver, à cet égard, en messidor, et que son rappel est du 28 du mois suivant, date de la lettre qui lui fut écrite par le Ministre, et par laquelle on lui donnait avis que M. *Blanchot ayant été nommé commandant au Sénégal, par le Premier Consul, on lui enjoignait, aussitôt son arrivée, de lui remettre le commandement.*

Voilà donc la disgrace de M. Laserre consommée ; mais à qui doit-il l'imputer ? A lui, sans doute, car ni ceux qu'il a accusés de mouvemens séditieux, ni de perfides insinuations, ne lui ont inspiré la conduite absurde qu'il a tenue, ni les inconséquences dont il a abusivement signalé chaque pas qu'il a fait dans sa carrière administrative ; personne, sans doute, que lui-même, ne l'a déterminé à former un monopole, ni de s'y associer pour la somme de 78,000 liv.; ce qui, d'après son règlement, fait supposer qu'il avait, outre cela, des guinées pour la valeur effective de 156,000 liv., somme énorme pour un commandant qui , sept mois plus tôt, venait d'arriver au Sénégal sans aucun fonds : personne que lui ne l'a poussé à déployer contre ses habitans les actes de rigueur dont lui seul a donné l'exemple. A peine un an s'est écoulé depuis qu'il a pris les rênes de l'administration coloniale, que le mécontentement est à son plus haut période; les chambres de commerce des principales villes de France joignent leurs plaintes à ces murmures universels; les bureaux des Ministres de l'intérieur et de la marine sont journellement remplis, encombrés de leurs réclamations; au milieu d'un concert de tant de voix accusatrices, le sieur Laserre ne trouve partout que des coupables ou des insensés, qui ne savent pas aussi bien spéculer que lui; il ne voit partout que des détracteurs de ses glorieux travaux! M. Laserre entreprend sa justification, et le premier acte de son autorité est un acte de monopole, un monument honteux de cupidité et de malversation ! Il ose dire que de tels actes ne sont que des délits administratifs ! Il ose déclarer que l'abus de pouvoir, rendu plus odieux encore par la bassesse du motif qui l'a dirigé, n'est point de la compétence des tribunaux criminels ! Mais *Verrès* eut plus de pudeur ; il ne manifesta jamais, ni *Hortensius* , encore moins , ne professa une semblable opinion. Lors même que M. Laserre serait fondé à le prétendre, la délicatesse et l'honneur lui interdisaient un pareil aveu.

Quelle différence entre M. Blanchot et vous M. Laserre ! car il ne se peut point que vous ayant précédé et suivi dans votre commandement, sa conduite et les effets avantageux qu'elle a produits, ne se soient quelquefois retracés à votre esprit, surtout depuis votre catastrophe.

Cet ancien officier est, douze ans consécutifs, chargé de l'administration

civile et militaire du Sénégal ; il y est
au milieu d'un peuple enclin, dites-
vous, à la licence, environné des gens
que vous accusez d'avoir entièrement
oublié toutes les idées de bonne-foi ,
de probité et de morale (1) ; et cependant, au milieu de ces hommes que
vous transformez , de votre propre
aveu, en brigands, la subordination
n'y a jamais été méconnue, ni l'autorité exposée, en sa personne, à aucune
insulte : le commerce y a été favorisé
autant que la pénurie de ses moyens
le lui a permis ; il a seul alimenté et
soutenu la colonie dans les conjonctures
difficiles qui ont signalé les phases de
notre révolution ; nos navigateurs,
loin d'être repoussés, outragés, ont été
accueillis et admis indéfiniment au
partage des trésors qui sont la récom-
pense de l'honnête et laborieuse industrie : tout système exclusif est in-

____

(1) Mémoire, page 18.

connu sous son administration. Douze années s'écoulent dans le calme d'une conscience pure et d'une conduite irréprochable ; son génie, à la vérité, n'est point inventif en spéculation de commerce ; il n'a point 1300 pièces de guinées ; ses habits sont usés, déchirés, mais il est vénéré, chéri des colons : le jour où le délâbrement de sa santé le rappelle dans la métropole, est un jour de tristesse et de deuil pour eux ; lorsqu'il y revient, après un an d'absence, pour réparer les maux que vous y avez causés, il y est reçu avec les démonstrations de la joie la plus vive : jugez-en par un extrait du rapport que le sieur Arnoux, lieutenant de vaisseau, en a fait au Ministre de la marine (1).

« Le 5 brumaire au matin, (an 11) « j'ai pris le mouillage devant la barre

____

(1) Cet officier commandait la corvette l'*Impatient*, sur lequel le sieur Blanchot revint au Sénégal, pour en prendre une seconde fois le commandement.

« de cet établissement : il y avait sur
« la rade deux bâtimens portant flam-
« me, que j'ai appelés à l'ordre, c'é-
« taient les transports l'*Alerte* et le
« *Darth*, partis de Dunkerque avec 200
« hommes de troupes pour cette colo-
« nie. Les capitaines en avaient effec-
« tué le débarquement, et se trou-
« vaient, vu les circonstances, fort
« embarrassés pour leur retour ; ils
« apprirent au général Blanchot l'état
« de subversion dans lequel se trouvait
« la colonie, et la déportation, par les
« habitans, du chef de brigade Laserre,
« leur commandant, qui s'était retiré
« à Gorée.

« Le même jour, après-midi, ayant
« reçu un bateau de barre, le général
« Blanchot est descendu, et je l'ai ac-
« compagné, après lui avoir rendu de
« mon navire tous les honneurs appar-
« tenans à son grade ; il fut accueilli à
« terre, par tous les habitans de toutes
« les classes, *comme un père dont l'ab-*

« sencé avait causé bien des chagrins ; et
« sa réception, qui m'a paru le bien sûr
« garant du bon rétablissement de
« l'ordre et de la tranquillité, a dû lui
« être un hommage, d'autant plus flat-
« teur, qu'il paraissait un juste tribut
« de reconnaissance et de vénéra-
« tion pour son administration pre-
« mière. »

Voilà ces colons qu'on a peints sous
des couleurs aussi révoltantes, acces-
sibles cependant aux sentimens généreux, et faisant éclater de la manière
la plus touchante les transports d'a-
légresse dont ils sont saisis à la vue de
leur ancien commandant (1) !

Ce jour dut être sans doute un des
plus beaux pour le général Blanchot. Il
était facile à M. Laserre d'être l'objet
d'une prédilection aussi honorable. Je

____

(1) Son entrée dans le fleuve a été solennisée, sur
un espace de cinq lieues, par des feux de joie qu'on
a allumés, à son passage, sur les deux rives opposées,

le plains sincèrement de s'être privé d'une jouissance qui aurait fait encore le bonheur de ses derniers momens, lorsque, parvenu au déclin de la vie, il eût reporté ses nombreux souvenirs sur sa longue carrière.

P. LABARTHE,

Chef de bureau des Colonies orientales et des côtes d'Afrique au Ministère de la marine.

DE SALES, *Avocat.*

PIÈCES JUSTIFICATIVES.

N.º I.

EXTRAIT du Règlement du 22 Pluviose de l'an 10, du colonel Laserre, relatif à la Société exclusive de la traite de la gomme.

ARTICLE PREMIER.

La société est composée des citoyens dénommés ci-dessous qui ont aussi dé-claré le nombre des pièces de guinées qu'ils veulent mettre dans la traite.

SAVOIR :

La République pour...........	1,000 p.
Les CC. Valentin.............	900
Renaud.............	900
Badger.............	400
Degrigny............	300
Crespin.............	300
Baudouin............	500
	4,300 p.

D'autre part............	4,300 p.
Les CC. Druilhet............	200
Surville............	600
Labouré............	400
Malleville............	400
Artigue............	200
Moustey............	300
Agaisse............	200
Lamotte............	500
Duprat............	200
Louis Poul............	100
Labrue............	100
Moussa fils............	200
Terrada............	100
Charbonnier............	100
Saint-Jean............	200
Dubois............	400
Les officiers du bataillon............	1,000
Les C.nnes *Laserre*............	900
Marie Paul............	200
Anne Lajore............	100
Hélène Porquet............	100

10,800 p.

MISE TOTALE, dix mille huit cents
pièces de guinées.

I I.

L'action est fixée à cent pièces de guinées : on fournira, par chaque action,
les bagatelles nécessaires connues
sous le nom d'assortiment; lequel nombre sera fixé et déterminé par les commissaires que la société choisira pour
régler la traite.

Chaque actionnaire fournira aussi, au
prorata, les vivres, riz, mil, sucre, mé-
lasse, selon qu'il sera fixé par les commissaires; tous ces objets pourront être
remplacés par de l'argent ou de la guinée, au choix des actionnaires.

I I I.

La société nomme cinq commissaires
qui sont les citoyens *Baudouin*, *Malleville*, *Lamotte*, *Valentin* et *Renaud*.

Le citoyen *Surville* est adjoint au citoyen *Renaud*.

Les commissaires nommés pour monter en rivière, sont les citoyens *Malleville*, *Renaud*, *Lamotte* et *Surville* ; ce

dernier devant faire par moitié le temps
de la traite sur un des bâtimens avec le
citoyen *Renaud.*

Les commissaires chargés de monter
en rivière recevront pour indemnité
deux milliers de gomme chacun.

Les commissaires désignés par la
société pour monter en rivière, y seront avec le titre d'inspecteur, et sur-
veilleront toutes les opérations des capitaines.

I V.

Les commissaires de la société, as-
sistés des capitaines qu'elle désignera
pour commander les bâtimens en rivière, seront chargés de visiter les marchandises que chaque sociétaire fournira, et il leur est expressément recom-
mandé de rejeter toutes celles qui ne
seraient pas de bonne qualité et vala-
bles pour la traite, attendu la connaissance acquise par la société, qu'il
existe des guinées très-inférieures,
achetées à un prix modique, que l'on

pourrait chercher à introduire ; ce qui tournerait au désavantage de la plus grande portion des sociétaires.

V I I.

Il n'y aura qu'un bâtiment à chaque escale pour traiter de la gomme, et un petit pour servir de magasin.

Chaque grand bâtiment payera dans l'escale la grande coutume due aux rois et princes, et en bonne marchandise ; au moyen de quoi, on traitera toute la gomme dans chaque escale.

En payant la grande coutume aux rois et princes, on stipulera avec eux la faculté de faire charroyer la gomme, sans augmentation de coutume ou présent. Cet article est de rigueur.

X V I I I.

Les capitaines des vaisseaux du commerce français seront seuls admis à mettre des marchandises dans la société.

Ceux qui arriveraient après la traite commencée, auront la faculté d'envoyer leurs marchandises, par la voie des commissaires de la société, au magasin d'une des escales, en ne plaçant de marchandises qu'au *prorata* des sociétaires, et après vérification faite desdites marchandises.

Ils seront compris dans la traite, et auront droit au partage, à dater du jour de la réception de leurs marchandises à l'escale; ils ne pourront envoyer leurs bâtimens traiter en rivière pour y établir le commerce.

X I X.

Aucun habitant du Sénégal ne sera plus admis, pour cette année, dans la société, et ne poura envoyer traiter de la gomme, *attendu que ceux qui ne sont pas dans la société, ont refusé d'y être compris*, en ne voulant pas se faire inscrire chez le Maire du Sénégal, d'après son invitation et l'ordre réitéré du commandant en chef.   *Signé*, etc.

Vu et arrêté, le présent règlement, par moi, commandant en chef, administrateur de la colonie, pour être exécuté selon sa forme et teneur, jusqu'à ce que le Ministre de la marine et des colonies en ait ordonné autrement.

Signé, LASERRE. ''

N.º II.

Arrêté du Conseil d'État, du 7 floréal an 12.

« Le Gouvernement de la République, vu le rapport du Ministre
« de la marine et des colonies, et les
« pièces jointes au rapport;

« Vu les plaintes et réclamations
« adressées au Ministre de la Marine
« contre le citoyen Laserre, ex-com-
« mandant au Sénégal, ensemble les
« pièces à l'appui;

« Vu les mémoires imprimés et ma-
« nuscrits présentés par le citoyen La-

« serre, ainsi que les pièces qu'il pro-
« duit pour sa justification ;

« Vu la déclaration du citoyen Ma-
« livoire, sous-commissaire de marine,
« et inspecteur au Sénégal ;

« Vu, enfin, les lettres du citoyen
« Blanchot , commandant actuel du
« Sénégal ;

« En vertu de la décision du Con-
« seil - d'État , prise conformément à
« l'article LXXV de la Constitution ,
« ARRÊTE que le citoyen Laserre, ex-
« commandant du Sénégal , prévenu
« d'abus de pouvoir et de malversa-
« tion dans l'exercice de ses fonctions,
« sera traduit devant les tribunaux
« ordinaires ».

Le Premier Consul, signé BONAPARTE.

Par le Premier Consul :

Le Secrétaire d'État, signé H. B. MARET.

www.ingramcontent.com/pod-product-compliance
Ingram Content Group UK Ltd.
Pitfield, Milton Keynes, MK11 3LW, UK
UKHW022054070726
13613UKWH00002B/811